LA PROPHÉTIE DE BLOIS

AVEC DES ECLAIRCISSEMENTS

PAR

M. l'Abbé RICHAUDEAU

Chanoine honoraire, ancien professeur de théologie,
aumônier des Ursulines de Blois.

TOURS

CATTIER, ÉDITEUR

—

1870

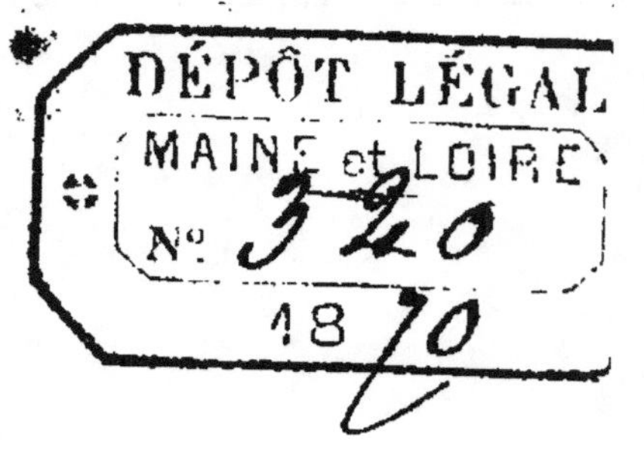

PROPHÉTIE

DE BLOIS.

LA PROPHÉTIE DE BLOIS

AVEC DES ECLAIRCISSEMENTS

PAR

M. l'Abbé RICHAUDEAU

Chanoine honoraire, ancien professeur de théologie,
aumônier des Ursulines de Blois.

TOURS

CATTIER, EDITEUR

—

1870

QUELQUES MOTS
D'OBSERVATIONS PRÉLIMINAIRES.

En dehors des hommes qui ne veulent rien écouter, rien examiner, rien entendre quand il est question de surnaturel, qui ne nous liront pas, et dont, pour cette raison, nous n'avons pas à nous occuper, nous aurons deux espèces de lecteurs : les trop crédules, faciles à s'enthousiasmer, et les raisonneurs, difficiles à l'excès, qui voudraient qu'une prophétie non encore accomplie fût aussi claire que les faits éclatants de l'histoire.

Nous n'aimons pas les esprits trop crédules, surtout s'ils sont enthousiastes. En allant beaucoup trop vite, en s'attachant à la première idée qui leur vient à l'esprit, et qui, pour l'ordinaire, n'est que l'image des choses qu'ils désirent voir arriver, ils décrivent d'avance avec la plus grande précision les évènements qui doivent se succéder ; tout leur paraît clair dans une prophétie dont ils ne comprennent même pas un mot. Puis, quand ils se voient trompés dans leurs calculs, ou ils ne veulent plus rien croire, ou, ce qui arrive beaucoup plus souvent, ils font des calculs nouveaux, non moins hasardés que les premiers, et auxquels ils s'attachent néanmoins avec la même confiance et la même opiniâtreté. J'ai connu un pieux religieux qui avait cette faiblesse, bien que doué des plus remarquables qualités de l'esprit. Chaque année, durant une période de cinq ou six ans, il croyait d'une foi inébranlable que les prophéties de sœur Marianne allaient s'accomplir. J'avais beau lui dire : Mais, mon Père, il y a plusieurs années que vous avez cette persuasion, et vous vous êtes toujours trompé. — Ah! ce n'était pas la même chose. Telle était toujours sa réponse. Il n'y a rien à faire à l'égard de ces hommes, excellents d'ailleurs, sinon de les laisser à leurs illusions (1).

(1) Il y a plus de six ans, un de ces braves gens m'écrivit de Paris que, voyant les évènements annoncés par Marianne sur le point d'arriver, il avait commencé à vendre les fonds qu'il avait sur l'Etat. Il me demandait si je ne pensais pas qu'il ferait bien de vendre le reste, ainsi que ses valeurs de chemins de fer. Je lui répondis que je ne croyais pas du tout que Dieu eût rien révélé pour lui rendre des services de ce genre.

Les raisonneurs difficiles sont plus embarrassants. Ils vous attaquent sur tout ; ils veulent que tout leur soit exposé avec la plus grande clarté. Il semble, à les entendre, que Dieu, s'il fait tant que de révéler certains évènements à l'avance, ne doit rien laisser dans l'ombre ; qu'il doit en dire assez, non pas seulement pour que son intervention soit clairement incontestable, mais pour donner la plus entière satisfaction à leur curiosité. Ils voudraient pouvoir connaître l'avenir sans embarras, soit quant aux faits, soit quant aux époques. Or, on exige par là ce que Dieu n'a jamais accordé, même quand il a inspiré les livres saints. Qui donc comprenait un mot de la prophétie de Cyrus, avant son accomplissement; de celle de Jacob, révélant à ses douze fils les destinées de leurs tribus ? Encore aujourd'hui, on dispute sur l'époque où commencent les 70 semaines de Daniel, sur celle où le sceptre fut enlevé à la tribu de Juda. Combien d'autres points restent obscurs dans la religion !

On pourra donc faire bien des objections contre la prédiction dont cet opuscule est l'objet. Cela veut dire que bien des personnes ne l'accepteront pas ; mais qu'y a-t-il ici-bas qui soit accepté par tout le monde ? Les saints eux-mêmes n'ont jamais été tous d'accord sur ce qui n'est pas défini par l'Eglise. Si, pour travailler à la gloire de Dieu et à la sanctification des âmes, il fallait pouvoir compter d'avance sur l'approbation, je ne dis pas du monde entier, mais seulement des gens de

bien et des personnes qui ont une intention droite, on ne ferait jamais rien.
Nous avons la confiance d'être utile à
plusieurs, de fortifier la foi chez les
uns, d'affaiblir l'incrédulité chez les
autres : cela nous a paru suffisant
pour nous décider à publier les pages
qu'on va lire.

PROPHÉTIE

DE BLOIS.

Nous n'exagèrerons certainement pas en disant que plus de cent cinquante journaux, soit religieux, soit politiques, mais ces derniers surtout, ont publié, sous le titre de *Prophétie de Blois*, des prédictions qui ont été réellement faites au mois d'août 1804, par une pieuse tourière des Ursulines de cette ville. Mais nulle part il n'en a été donné un texte parfaitement exact, et surtout complet. On a même bien vite aperçu certaines contradictions entre différentes copies.

Malgré cela, l'impression faite sur les esprits a été immense, et elle a eu un caractère auquel il eût été impossible de s'attendre. Personne, même parmi les écrivains frondeurs de tout ce qui a une physionomie religieuse et surnaturelle , ne s'en est moqué. L'intérêt avec lequel on s'en est occupé a été si grand que l'on s'arrachait les feuilles où elle était publiée. Depuis le jour où cette publication a eu lieu, les Ursulines de Blois ont reçu une telle quantité de lettres qui avaient pour but de demander des renseignements et des détails, qu'il y a eu des semaines où le nombre s'en est élevé à près de trois cents. Encore aujourd'hui, ces envois ne diminuent guère. Une foule de personnes disent qu'elles écrivent au nom de leurs familles , de leurs amis, de tout ce qui les entoure. Des magistrats, des vicaires-généraux , des évêques , un cardinal même, ont demandé si la prophétie était authentique , et témoigné l'intérêt qu'elle leur semblait mériter.

Autant que possible, on a répondu, quoique brièvement, à toutes ces lettres; quelques-unes de nos réponses ont été insérées dans des journaux de localités ; mais ces détails étaient trop incomplets pour satisfaire le besoin que l'on éprouve de sonder l'avenir dans les grandes calamités. Je dois dire que

si nous avons consenti à répondre, ç'a été
uniquement par un sentiment de convenance
et par égard pour les personnes honorables
qui suppliaient en quelque sorte pour qu'on
leur dît ce à quoi l'on peut s'arrêter sur une
pièce qui occupe la France entière. Mais
nous devons déclarer que jamais ni la
communauté ni ceux qui la dirigent n'ont
eu la pensée de donner de la publicité à la
prophétie de sœur Marianne. C'est à leur
insu que le *Constitutionnel* d'abord et après
lui presque tous les autres journaux l'ont
publiée. La preuve en est que jamais on ne l'a
ni écrite ni dictée dans la maison. Les diver-
ses copies qui circulent sont l'œuvre de
personnes qui les ont rédigées de mémoire,
à la suite de conversations qu'elles ont eues
avec la mère Providence, confidente de sœur
Marianne et dépositaire de ses prédictions.

Nous devons ajouter que cette vénérable
religieuse, âgée aujourd'hui de plus de 92
ans, n'a pas eu un seul entretien détaillé sur
ce sujet depuis 25 ou 30 ans : d'où il faut
conclure que toutes les copies manuscrites
ou imprimées qui peuvent circuler remontent

au moins à 1845. Il nous en a été envoyé une, du diocèse de Valence, qui se terminait par cette note :

« Le père Écarlat, religieux, a déclaré, le 16 juillet 1849, avoir reçu ces communications en 1810 et 1812. » Cette copie diffère à peine, et seulement dans quelques expressions de nulle importance, de celle du *Constitutionnel.* Elle n'est pas divisée par versets numérotés.

En voilà assez pour faire voir que la communauté des Ursulines n'a encouru aucune responsabilité dans la publication de la prophétie dite de Blois. Maintenant que le bruit est fait, et qu'il se prolonge indéfiniment par suite des angoisses générales, il nous semble utile d'intervenir, non pas au nom de la communauté, pas même en notre qualité d'aumônier, encore moins à l'instigation de l'autorité ecclésiastique, qui est aussi étrangère que possible et à la composition et à la publication de cet opuscule ; mais comme simple prêtre, persuadé qu'il fait une œuvre utile à la religion, et que cette entreprise est d'autre part sans inconvénient. Nous ne voulons pas rendre plus sonores les échos qui retentissent de toute part : à Dieu ne plaise ; notre intention est au contraire de les adoucir en répondant aux mille questions que l'on se fait partout, et en résolvant les doutes qui donnent lieu aux milliers de lettres dont une bonne partie est à notre adresse personnelle. Il nous semble utile également de mettre fin aux commentaires absurdes que l'on a faits et aux historiettes ridicules qui ont été et sont tous les jours répandues à cette occasion.

Ainsi, on a écrit de Blois à un journal de Provins que la mère Providence, étant tombée gravement malade, avait refusé de recevoir les derniers sacrements, sous prétexte qu'elle ne doit pas mourir avant la fin de la guerre. Cette vénérable religieuse a trop de droiture, de simplicité et d'élévation d'esprit, surtout elle a trop d'esprit religieux pour refuser les derniers sacrements lorsque ses supérieurs jugeraient le moment venu de les lui administrer ; puis elle sait fort bien que l'on ne reçoit pas les derniers sacrements pour mourir, mais, au contraire, pour guérir, si Dieu juge le retour à la santé préférable à la mort.

Nous terminerons notre travail par quelques réflexions qui peuvent avoir leur utilité dans les circonstances présentes.

Pour arriver à ces résultats, nous nous proposons : 1° de résoudre les doutes qui peuvent exister sur l'authenticité de la prophétie de sœur Marianne ; 2° d'obvier aux inconvénients qui résultent de la variété des textes ; 3° d'indiquer la nature, le but et la portée religieuse que nous semble avoir cette prédiction.

Alors on pourra porter un jugement avec connaissance de cause, et ceux mêmes qui croiraient devoir rejeter la prédiction, pourront au moins dire qu'ils ne le font pas sans avoir écouté aucune raison.

Authenticité de la prophétie de sœur Marianne.

Les religieuses Ursulines établies à Blois en 1624, à la demande du *corps de ville*, furent chassées de leur maison le 1er octobre 1791, après avoir donné, pendant plus d'un siècle et demi, l'instruction gratuite à toutes les jeunes filles, riches ou pauvres, que les familles voulurent leur confier. La plupart se retirèrent chez leurs parents les plus proches ou chez des amis charitables ; d'autres furent recueillies par les tourières, qui s'étaient logées en ville, et soignées par elles. La persécution ayant un peu diminué après la clôture de la Convention, elles se réunirent au nombre de seize dans une maison, pour y ouvrir une école. Sœur Marianne, ancienne tourière, qui leur était restée constamment dévouée, leur continua ses services.

Cette pieuse fille faisait trois retraites spirituelles par an ; elle était presque toujours en oraison pendant son travail, et cette oraison était souvent accompagnée du don des larmes. Dans sa dernière maladie, qui arriva au mois d'août 1804, elle recevait les visites et les soins d'une grande pensionnaire, Mlle de Leyretto, alors âgée de vingt-six ans. Habituée avec elle à une certaine intimité de conversation, surtout à témoigner son attachement à l'égard de la communauté, elle se mit un jour à lui dévoiler l'avenir de cette maison. Mlle de Leyrette, qui n'était nullement préparée à croire à des prédictions aussi extraordinaires, refusa d'abord de les entendre. — Ce n'est pas à moi qu'il faut dire cela, répliquait-elle à Marianne, c'est aux religieuses. — Non, ce n'est pas aux religieuses, c'est à vous ; les religieuses actuelles n'y seront plus quand les derniers évènements que je vous annonce arriveront ; vous, vous vivrez encore. — Mais je ne serai pas religieuse. — Vous serez religieuse, et plusieurs fois supérieure ; vous serez le soutien de la communauté. — Vous savez bien que ma mère s'y oppose. — Dans six mois Mme votre mère ne pourra plus s'y opposer.

Six mois après, Mme de Leyrette était morte. Sa fille était allée la soigner dans sa dernière maladie ; elle lui ferma les yeux, régla ses affaires et revint aux Ursulines, où elle entra définitivement au noviciat, le jour de la fête des Cinq-Plaies, 1806.

Sœur Marianne, continuant ses prédictions, ajouta :

« On ne restera pas toujours dans la maison où nous sommes ; on en aura une autre où l'on sera bien mieux.... Mais voilà quelque chose de fâcheux ! Des religieuses ne voudront pas y aller ; elles se monteront la tête et se sépareront de la communauté. Nous voilà dans cette maison. (En disant cela, et chaque fois qu'elle se transportait dans l'avenir, elle regardait le mur auprès duquel était son lit, comme si elle y eût vu les lieux et les choses dont elle parlait.) Ah ! nous sommes bien mieux que dans l'autre ! Pourtant... nous ne pouvons pas rester comme cela ; il faut un mur là.... Mais nous sommes trop pauvres ; nous ne pouvons pas faire de dettes. — Cependant, nous ne pouvons pas rester comme cela ; nous ne sommes pas renfermées ; il faut un mur là. — Nous ne pouvons pourtant pas faire de dettes. — Eh bien ! voilà tout, on y mettra une cafetière d'argent. » Puis, se mettant à rire, elle dit : « Ah ! c'est bien drôle, une cafetière d'argent dans un mur. »

Huit ans après, les Ursulines, avec l'aide et les secours d'un saint prêtre nommé M. Gallois, curé de l'ancienne cathédrale, achetèrent, dans le haut de la ville, une petite partie de l'établissement qu'elles occupent maintenant, et elles allèrent s'y installer le 22 juillet 1812 ; mais il y eut deux religieuses qui, ne trouvant pas ce changement de domicile à leur goût, refusèrent de suivre le reste de la communauté et s'en séparèrent. Le jardin de la nouvelle maison était fermé de murs de trois côtés ; mais un bout n'était séparé du clos d'un voisin que par une haie de bois sec. Ce voisin était un maquignon, qui laissait ses chevaux paître à l'abandon dans sa propriété. Ces animaux, apercevant dans le jardin des religieuses une pâture meilleure que celle qui leur était abandonnée, sautaient par dessus la haie et causaient le ravage que l'on peut imaginer.

Lamentations des pauvres religieuses, qui disaient à la supérieure : Nous sommes bien mieux ici que dans la rue des Juifs ; mais pourtant, nous ne pouvons pas rester comme cela ; il faut un mur là. — Nous sommes trop pauvres, répliquait la supérieure, nous ne pouvons pas faire de dettes.

Le lendemain ou deux jours après, nouvelle invasion et nouveaux dégâts ; les religieuses recommencent leurs plaintes : Nous ne sommes pas renfermées ; il faut un mur là ! La supérieure fait la même réplique : Nous sommes trop pauvres, nous souffrirons; impossible de faire de nouvelles dettes.

— C'est absolument le monologue de Marianne, reprend la mère Providence ; elle faisait d'avance les plaintes des religieuses et donnait la réponse que donne notre mère supérieure. Elle a ajouté : Eh bien ! voilà tout, on y mettra une cafetière d'argent. — Qu'est-ce que cela veut dire, ma Mère? hasarde une novice. — Je n'en sais rien, ma petite sœur.

On resta dans cette position désagréable jusqu'en 1819. Alors une zélée bienfaitrice des Ursulines, appelée Mme de Bongard, ayant appris que les pauvres religieuses continuaient à éprouver des désagréments par suite du mauvais état de clôture du jardin, vint faire une visite à la supérieure, qui était alors la mère Providence. — Il faut absolument remédier à cela, ma chère Mère, et construire un mur au bout de votre jardin. — Nous le voudrions bien, madame, mais cela nous est impossible ; je n'ose pas faire de dettes. — Allons ! vous me faites pitié ! j'avais intention d'acheter une cafetière d'argent, j'en fais le sacrifice, et je mets ma cafetière dans votre mur.

Aussitôt elle fait venir les ouvriers et approcher les matériaux ; elle engage son mari à poser la première pierre, comme pour un monument, et au bout de quelques jours le jardin était clos.

Nous reconnûmes alors, disent les *Annales* de l'époque, la vérification d'une prédiction qui avait été faite à notre révérende Mère, lorsqu'elle était postulante.

Revenons à sœur Marianne. Elle dit encore à Mlle de Leyrette : « Il y aura un évêque à Blois (rien n'était plus invraisemblable en 1804) ; les Mères une telle, une telle, qu'elle nommait, ne le verront pas ; elle désigna également celles qui devaient le voir. — Ma sœur Monique le verra.... Le verra-t-elle ? Non, elle ne le verra pas ; mais au moins elle saura qu'il est venu. »

Or, voici ce qui arriva :

Par le Concordat de 1817, le siége de Blois

avait été rétabli, et Louis XVIII y avait nommé M. de Boisville. La supérieure des Ursulines ayant appris cela, dit à la mère Providence : Ma bonne Mère, voilà vos prophéties qui vont s'accomplir, nous allons avoir un évêque. — Notre Mère, je ne crois pas, nous n'y sommes pas. — Mais si, il est nommé. — Je ne crois pas. — Puisque je vous dis qu'il est nommé ! — Notre Mère, je crois que nous n'y sommes pas.

Quelques semaines après, arrivèrent à Blois des caisses renfermant des effets de M. de Boisville, qui, ayant ses bulles, se regardait comme assuré de prendre possession. — Au moins, ma chère Mère, vous conviendrez maintenant que nous allons avoir un évêque. — Notre Mère, je crois que nous n'y sommes pas. — Mais ses malles sont arrivées. — Ses malles ne sont pas lui. En effet, Louis XVIII n'ayant pas osé présenter son Concordat aux Chambres, la restauration du siége de Blois fut sans résultat, et M. de Boisville fut nommé à l'évêché de Dijon, où il mourut.

J'ai demandé un jour à la mère Providence

pourquoi, en 1817, elle avait cru si ferme-
ment que le moment d'avoir un évêque n'était
pas arrivé. Elle ne s'en souvenait pas. Mais,
en consultant les registres, j'ai découvert
qu'une. mère Saint-Aubin, qui ne devait pas
voir l'évêque, vivait encore. Cette religieuse
mourut le 13 juillet 1823.

Cette date nous révèle une particularité
très-remarquable. La nomination de Mgr de
Sausin à l'évêché de Blois était connue depuis
plusieurs semaines : cependant les religieuses, qui avaient appris cette nomination,
ayant demandé à la mère Providence si,
cette fois, c'était pour de bon qu'on allait
avoir un évêque, elle répondit : Ah oui, pour
cette fois, nous y sommes. Il fallait donc
qu'elle fût persuadée que la mère Saint-
Aubin allait mourir bientôt. Toutes les autres
qui ne devaient pas voir l'évêque étaient
mortes ; sœur Monique, converse, était aveugle, et de plus tellement malade, que sa fin
paraissait imminente. Le 23 juin, on pria le
médecin, qui était venu la voir, d'attester
dans un certificat l'impossibilité où elle était
de donner sa signature, afin que l'on pût faire

payer un semestre de rente viagère qui lui était dû le lendemain. Si cette rente est exigible demain, dit le docteur, je vous conseille de la faire payer dès le matin, car je doute que votre malade vive encore demain soir. Cependant elle devait, sinon voir l'évêque de Blois, au moins savoir son arrivée, et l'on était sûr qu'il ne viendrait pas avant plusieurs semaines, peut-être même plusieurs mois. Ce n'était ni la première ni la dernière fois que l'on se trouvait en présence d'une impossibilité apparente de l'accomplissement de la prophétie ; mais ces sortes d'embarras n'en étaient plus pour la mère Providence, qui, incrédule la première au moment où Marianne lui léguait ses connaissances de l'avenir, avait appris à ne plus douter. « Notre Révérende Mère supérieure, disent les *Annales* écrites à cette époque, nous assurait que sœur Monique ne mourrait pas que Mgr notre évêque ne fût arrivé. »

Cette assertion de l'annaliste n'est nullement suspecte, car la pauvre fille écrivait ce qu'elle voyait et ce qu'elle entendait dans toute la simplicité de son âme, et elle n'avait pas même l'idée que cette histoire pût un jour devenir publique.

La malade, déjà agonisante, était donc condamnée à vivre encore plus de deux mois et demi. En effet, Mgr de Sausin, qui arriva à Blois le 29 août 1823, ne vint faire sa visite aux Ursulines que le 11 septembre suivant. Entré dans la salle de communauté et se voyant entouré des religieuses, il demanda à la supérieure si toutes étaient là. — Oui, Monseigneur, toutes, excepté deux : une sœur converse, aveugle depuis six mois, presque mourante depuis près de trois mois, et à l'agonie depuis trois jours, et l'infirmière qui la garde. Après avoir causé un peu avec les religieuses, le vénérable prélat voulut voir la malade et se fit conduire à l'infirmerie. La supérieure dit à l'oreille de l'agonisante : Ma sœur, voilà Mgr l'évêque qui vient vous voir, Mgr l'évêque de Blois. Sœur Monique, qui paraissait privée de connaissance depuis trois jours, essaya de parler ; mais elle ne put que gesticuler des mains pour témoigner son contentement. Mgr lui donna sa bénédiction, et le lendemain, à cinq heures du matin, elle rendait le dernier soupir.

Voilà des faits incontestables, mentionnés dans les annales de la communauté comme en passant, et avec une sorte de négligence qui prouve que l'on était à cent lieues de vouloir donner de l'importance à la prédiction, et surtout l'exploiter.

D'un autre côté, tout le monde sait à Blois que la mère Providence a été, toute sa vie, d'une grande droiture et d'une remarquable simplicité. Jamais on ne l'a vue disposée à s'enthousiasmer, et l'imagination est peut-être la moins saillante de ses facultés. On sait aussi que si elle a parlé cent fois de ses prédictions, soit dans sa communauté, soit à des personnes du dehors, prêtres et laïques, elle ne l'a jamais fait que par complaisance. Il ne lui est peut-être pas arrivé une seule fois dans sa vie de tourner elle-même, à dessein, la conversation sur ce sujet, si ce n'est quand elle était maîtresse des novices, pour intéresser ces jeunes filles et empêcher quelquefois les récréations de languir. On sait encore que jamais elle n'a rien écrit de ce que lui avait confié la pieuse tourière, et il serait permis de le regretter, si elle n'avait suivi en cela une recommandation de Marianne elle-même.

Les différentes copies qui circulent ont donc été faites par des personnes étrangères à la Maison, qui ont tâché de reproduire les entretiens de la mère Providence. Ces entretiens eurent lieu surtout à la Restauration et pendant les premières années du règne de Louis-Philippe.

Plus tard, et après 1840, n'exerçant plus de fonctions qui la missent en rapport avec les personnes du dehors, elle ne parla plus guère des prédictions que dans l'intérieur du couvent, et encore quand elle y était provoquée.

Ainsi le caractère, la vertu et la droiture de la vénérable mère Providence, le témoignage des annales écrites du monastère, celui de la communauté elle-même au sein de laquelle la notion et la transmission des prédictions de sœur Marianne n'ont jamais été interrompues, l'existence de nombreuses copies que nous recevons en ce moment de tous les coins de la France et qui toutes remontent à plus de 25 ans, la publicité qu'a toujours eue à Blois cette prophétie depuis les premières années qui suivirent la mort de sœur Marianne, tout cela en démontre surabondamment l'authenticité. Pour moi en particulier, je puis attester que je la connais depuis 1830, première année de mon sacerdoce.

Ce qui a surtout empêché l'oubli et obvié à l'incertitude quant au texte traditionnel, c'est que l'on en parlait à Blois, au-dedans et au dehors du monastère, non-seulement à chaque révolution, mais toutes les fois que l'horizon politique s'assombrissait : or, on sait si cela a eu lieu fréquemment depuis 60 ans.

Quel est le véritable texte de la prédiction de sœur Marianne?

On comprend que cette prophétie n'ayant jamais été écrite que de mémoire, par occasion et à la suite d'entretiens où elle n'avait pas été racontée en entier, il a dû arriver nécessairement que les copies faites dans ces conditions se soient trouvées plus ou moins inexactes et incomplètes. Il serait sans doute impossible de remédier au mal d'une manière parfaite, de donner aujourd'hui toutes les prédictions, telles qu'elles sont sorties de la bouche de la Sœur et dans le même ordre. Ce que nous pouvons faire, c'est de profiter des souvenirs des personnes qui ont entendu les récits de la mère Providence et de rapprocher les unes des autres les différentes copies qui existent. Nous nous appuierons avant tout sur la tradition de la communauté, qui nous est parfaitement connue, tradition constamment entretenue et ravivée chaque fois que quelque crise venait jeter l'inquiétude dans les esprits, et qui a toujours eu l'avantage d'être rectifiée par la dépositaire des prédictions, alors dans toute la plénitude de ses facultés (1). Contrôlant tout cela au moyen

(1) La vénérable mère Providence, avec une santé remarquable pour son grand âge, a conservé son intelligence ; mais sa mémoire est trop affaiblie pour nous être d'une grande utilité.

des notes que nous avons recueillies à différentes époques, nous pourrons présenter un texte digne de foi quant à l'exactitude, et renfermant tout ce qui a pu demeurer incontestable. Nous prendrons pour point de repère la version donnée par le *Constitutionnel* et reproduite par presque tous les journaux ; elle est la seule qui soit divisée par versets numérotés. Je tâcherai de la compléter et de la rectifier (1).

(1) Nous savons que cette version a été écrite par le prêtre de Blois qui connaît le plus anciennement la prophétie de sœur Marianne. Elle est la plus exacte de toutes celles que nous avons pu trouver. Nous la connaissions avant qu'elle fût publiée, et nous lui avons toujours reproché les défauts que nous signalons aujourd'hui, relativement aux nᵒˢ 9, 12 et 23. Quant au nᵒ 31, nous en avons surtout connu l'inexactitude après la découverte d'un fragment conservé dans les papiers de la communauté, et dont nous parlerons plus loin.

Prophétie de Blois.

On commence par le n° 7. Quels sont les six numéros que l'on a omis ? je l'ignore ; mais voici ce que je trouve dans un fragment copié de la main d'une ancienne supérieure. Le titre porte qu'il est rédigé d'après une confidence faite par la mère Providence en 1813.

« La famille des Bourbons reviendra en France alors qu'elle semblera oubliée, parce qu'un usurpateur fera retentir son nom partout. Sa décadence arrivera alors qu'il se croira plus affermi.

» Malheureusement il reparaîtra avant un an d'exil et règnera ; il ne restera au plus que trois mois.

» La France sera affligée par l'assassinat d'un prince, qui paraîtra l'unique espérance de nos rois ; mais il revivra dans un fils inattendu.

» De nouveaux troubles que vous verrez,

mais que les mères St-Aubin , St-Joseph et sœur Monique ne verront pas, auront lieu. »

Il s'agit ici de la révolution de 1830, arrivée sept ans après la mort de ces religieuses.

Elle dit au sujet de cette révolution : « On se cachera dans les blés. » On apprit alors que cela s'était réalisé, et bien des personnes l'attestent encore. La Sœur ajoute : « Si ce trouble devait être le dernier !!! Mais ils recommenceront dans un mois de février. Vous serez sur le point de faire une cérémonie de vœux , et vous ne la ferez pas. »

Le fait que nous allons raconter est à Blois d'une notoriété parfaite , et il prouve deux choses : 1° que la prédiction était antérieure à l'évènement; 2° qu'elle s'est accomplie avec une exactitude qui ne laisse rien à désirer.

Au commencement de l'année 1848 , on parla au conseil de la communauté d'admettre à la profession une novice qui avait terminé ses deux ans de noviciat. La mère Providence dit aussitôt : Je crois que cette cérémonie ne se fera pas. — Pourquoi donc, ma bonne Mère? — Ah! c'est que Marianne m'a dit qu'une profession serait retardée, et j'ai dans l'idée que c'est celle-là. — Mais il n'y a nulle apparence; ne vous imaginez donc pas cela. — Enfin, je le crois. On soumit néanmoins la question au chapitre, et la novice fut admise le 16 janvier. Pendant les cinq semaines qui s'écoulèrent jusqu'au moment où elle entra en retraite pour se préparer à la cérémonie, la mère Providence répéta plus de vingt fois : Cette cérémonie ne se fera pas, elle sera retardée, c'est de celle-là que m'a parlé Marianne. On lui disait : Mais, ma bonne Mère, ne croyez donc pas cela ; il n'y a aucune apparence ; jamais on n'a été plus tranquille qu'en ce moment. — Eh bien ! nous verrons. Lorsque la novice fit, selon l'usage, ses adieux à chaque religieuse avant d'entrer en retraite, la mère Providence lui dit : Vous ne ferez pas vos vœux, ma petite sœur. — Mais si, ma Mère, je les ferai. Vous voyez que j'entre en retraite ! — Non, non, vous ne les ferez pas. Pendant les premiers jours de la retraite, la vénérable Mère s'obstinait pour ainsi dire dans ses pressentiments de malheur. Sans se départir du respect dont tout le monde était pénétré pour elle, on plaisantait sur ses appréhensions. — Mais vous croyez donc, chère Mère, qu'une révolution va éclater subitement et nous arriver comme la foudre ? Or, le lendemain on apprend que l'on se bat à Paris, et 24 heures après le télégraphe annonce que la république est proclamée. On envoie demander à l'Evêché s'il faut que la novice continue sa retraite ou qu'elle en sorte. Mgr des Essarts répond qu'il ne se sent pas le courage de faire faire des vœux à une jeune personne dans des circonstances pareilles, et qu'il faut attendre. La cérémonie n'eut lieu que le 1er octobre suivant.

Voilà donc encore un fait certain et qui a pour garant le témoignage de toutes les religieuses qui étaient dans la maison à cette époque, et celui d'un grand nombre de personnes de la ville de Blois.

On voit, par ce que nous avons dit, que les premiers mots du n° 9 du texte du *Constitutionnel*, rectifiés comme nous l'avons fait, doivent être placés avant le n° 7. Nous ferons de nouvelles rectifications quand il y aura lieu.

8. — « Ensuite, avant la moisson, un prêtre de Blois partira pour Paris ; il y restera trois jours et reviendra sans qu'il lui arrive rien. Un autre qui ne sera pas de Blois partira ensuite, il n'ira pas jusque là, parce qu'il ne pourra pas entrer ; il reviendra le même jour. »

Lorsque déjà les troubles de juin étaient commencés, mais sans qu'on pût en soupçonner la gravité à Blois, un vicaire-général, qui vit encore aujourd'hui, partit pour Paris et s'y trouva renfermé par la bataille et les barricades ; mais il n'eut aucun mal, quoiqu'on se fût battu dans la rue où il était logé. Le lendemain, le P. Liot, jésuite, qui venait de prêcher quelques retraites à Blois, prit à son tour le chemin de fer ; mais il apprit à Orléans que l'on se battait à Paris et que les trains n'y arrivaient plus : il revint le soir même.

La transition pour passer de 1848 aux évènements de l'époque actuelle est perdue, et nous arrivons brusquement au n° 9 qui doit être ainsi rédigé : « Tous les hommes partiront ; on les fera partir par bandes et petit à petit ; il ne restera que les vieillards. »

10. — « Ces pauvres séminaristes !... mais il ne leur arrivera rien, car ils seront sortis quand les malheurs arriveront. Ils ne rentreront pas au temps fixé : pourtant ils auraient pu rentrer. » Elle répéta cela plusieurs fois. Or, il faut remarquer : 1° que le premier séminaire établi à Blois l'a été quatorze ans après la mort de la Sœur; 2° que la rentrée du grand séminaire étant fixée au 14 octobre, et celle des petits quelques jours avant, rien ne s'opposait absolument à leur rentrée en 1870. Cette rentrée néanmoins n'a pas eu lieu.

11. — « La mort d'un grand personnage sera cachée pendant trois jours. » Toutes les anciennes copies portent *trois jours* : cependant, depuis plusieurs années, la mère Providence persiste à dire que Marianne lui a dit *onze jours*. Lorsque Mgr Affre fut tué sur les barricades, on lui demanda si ce n'était pas de lui que la Sœur avait parlé; elle répondit : Je crois que c'est un personnage d'un

autre genre. — Est-ce le Pape ? — Je ne le crois pas. La mort d'un grand personnage prussien paraît avoir été cachée dix ou douze jours. Est-ce l'accomplissement de la prédiction ? Je ne voudrais pas l'affirmer.

12. — « Les grands malheurs arriveront avant les vendanges. » Ces mots doivent être reportés au n° 24. Tout le reste de ce verset 12 est apocryphe. Jamais la mère Providence n'a parlé d'un retard d'élection comme signe des évènements. Il y a eu une élection retardée en 1830, mais après la révolution.

13. — « On descendra un matin sur le champ de foire et on verra les marchands se dépêcher d'emballer. — Pourquoi, leur dira-t-on, emballez-vous si vite?—Nous voulons, répondront-ils, aller voir ce qui se passe chez nous. » Cela s'est exactement accompli le 5 septembre dernier, lendemain de la proclamation de la République, lorsque la Prophétie était depuis plusieurs jours dans tous les journaux. Elle était tellement connue à Blois, depuis quarante ans surtout, que l'on en parlait chaque année à l'époque de la foire.

14. — « Que ces troubles sont effrayants !»

15. — « Pourtant , ils ne s'étendront pas dans toute la France , mais seulement dans quelques grandes villes , où il y aura des massacres , et surtout dans la capitale , où il sera grand. »

16. — « Il n'y aura rien à Blois. » (Il n'y aura rien en fait de massacres ; mais cela ne nous garantit pas avec certitude contre la visite des Prussiens.) « Les religieuses auront grand'peur. L'évêque s'absentera dans un château. Nos Messieurs iront le voir le matin et reviendront le soir. »

Ce séjour de l'évêque dans un château est ici hors de sa place. Je ne crois pas que la Sœur l'ait donné comme ayant quelques rapports avec les évènements publics. C'est du reste un fait qui s'est accompli , il y a plus de vingt ans , de la manière que je vais dire.

Mgr des Essarts affectait souvent de ridiculiser la prophétie de Marianne. Un jour de l'année 1848 qu'il était au Grand Séminaire , dans la chambre du Supérieur (j'étais présent et je ne me doutais pas que je serais

un jour aumônier des Ursulines), les préoccupations causées par les évènements de
février firent tomber la conversation sur ce
sujet , et quelqu'un dit : Monseigneur,
cette prophétie annonce que vous irez dans
un château. Il reprit avec vivacité : Certainement non , je n'irai pas dans ce château ; je
déclare bien que je resterai à Blois.

Or , environ un an après , Mgr étant dans
un état de santé qui devenait de plus en plus
inquiétant , fut invité par M. Ludovic de
Belot , frère du curé de la cathédrale , à aller
passer quelque temps à son château de Bouceuil pour prendre l'air de la campagne. Il
y alla , et *nos messieurs* , diseurs de plaisanteries à l'endroit de la prédiction , fournirent
leur contingent à son accomplissement ,
ayant été plusieurs fois , le matin , déjeûner
à Bouceuil pour revenir le soir.

Ces mots du n° 16 du texte du *Constitutionnel* doivent donc être placés après les n^{os}
7 et 8, qui regardent l'année 1848. La fin du
n° 16 reste à s'accomplir : « Quelques prêtres se cacheront ; les églises seront fermées,
mais si peu de temps qu'à peine l'on s'en

apercevra. Ce sera au plus l'espace de 24 heures. »

17. — « Vous serez vous-mêmes sur le point de partir ; mais la première qui mettra le pied sur le seuil de la porte dira : Rentrons, et vous rentrerez. On dira que vous êtes sorties, mais ce ne sera pas vrai. »

18. — « Avant ce temps, on viendra dans les églises et on fera dire des messes pour les hommes qui seront au combat. » Cela s'est fait en 1848 et se fait encore en ce moment.

19. — « Quant aux prêtres et aux religieuses, ils en seront quittes pour la peur. »

20. — « Il faudra bien prier, car les méchants voudront tout détruire. Avant le grand combat ils seront les maîtres; ils feront tout le mal qu'ils pourront, non tout ce qu'ils voudront, parce qu'ils n'auront pas le temps. »

21 et 22. — « Ce grand combat sera entre les bons et les méchants ; il sera épouvantable, on entendra le canon à neuf lieues à la ronde. Les bons étant moins nombreux seront, un moment, sur le point d'être

anéantis ; mais, ô puissance de Dieu ! ô puissance de Dieu ! tous les méchants périront. — Tous les méchants périront, ma bonne Marianne ? — Oui, et beaucoup de bons. »

23. — « Les derniers hommes qui partiront n'iront pas loin, leur absence ne sera tout au plus que de trois jours de marche; ils apprendront en chemin que tout est fini, et ils reviendront. »

Les copistes ont fait ici une confusion de deux choses très-distinctes. On savait parfaitement à Blois, et je savais moi-même dès l'année 1830, que *des* hommes partiraient pour un combat, ce combat n'était pas appelé le *grand combat;* qu'il devait y avoir *trois* départs ; que ceux qui partiraient en premier et en second lieu iraient jusqu'au champ de bataille et participeraient à l'action ; qu'enfin les derniers apprendraient en chemin que tout serait fini et qu'ils reviendraient sur leurs pas. On sait aussi que cela s'est littéralement accompli à Blois aux journées de juin 1848.

Marianne a prédit en outre que, sauf les

vieillards , *tous* les hommes partiront ; qu'on les fera partir par bandes et petit à petit. Ainsi, d'un côté, *des* hommes qui partent ; de l'autre, *tous* les hommes. Dans le premier cas ils partent en trois fois , dans le second ils partent par bandes et petit à petit. De plus , toutes les copies disent, en parlant de tous les hommes : *on les fera partir :* or , on n'a pas fait partir ceux de 1848 , ils partirent d'eux-mêmes.

24. — « Ce temps sera court ; s'il était long, personne n'y tiendrait : ce seront pourtant les femmes qui prépareront les vendanges, et les hommes viendront les faire, parce que tout sera fini. »

Ceci est très-embarrassant. Il est impossible que cet alinéa s'accomplisse cette année, surtout si l'on ajoute ces autres paroles qui se trouvent également sur plusieurs copies écrites : « Les femmes feront la moisson pendant que les hommes seront au combat. » L'accomplissement des N°s 14 à 31 serait-il pour 1871 ? Les hommes seraient-ils de nouveau obligés à une levée en masse au mois d'août prochain ? La lassitude causée par les évènements actuels, la répugnance instinctive à admettre comme possibles de nouvelles calamités empêchera d'y croire. Mais Dieu ne se règle pas sur nos répugnances. Il entreprend de régénérer les nations chrétiennes, la France surtout ; il ne fera pas la chose à demi. Nous montrerons plus loin que le mal est trop grand pour que de médiocres calamités puissent le guérir. Si donc nous ne trouvions pas des copies manuscrites, très-détaillées et très-exactes, où il n'est question, ni de la moisson, ni des vendanges, il nous semblerait impossible d'admettre que tout sera fini cette année.

D'un autre côté, comme cette mention de la moisson et des vendanges inspire peu de confiance dans la communauté, où elle semble être parvenue du dehors, il y a probabilité qu'elle a été imaginée comme explication, par un copiste qui avait besoin de cela pour rendre ses combinaisons plausibles.

25. — « Pendant ce temps on ne saura les nouvelles au vrai que par quelques lettres particulières. »

26. — « A la fin, trois courriers viendront. Le premier annoncera que tout est perdu. Le second, qui arrivera pendant la nuit, ne rencontrera qu'un seul homme, appuyé sur sa porte. — Vous avez grand chaud, mon ami, lui dira cet homme, descendez prendre un verre de vin. — Je suis trop pressé, répondra le courrier; puis il continuera sa route vers le Berry. »

27. — « Vous serez en oraison quand vous entendrez dire que deux courriers sont passés ; alors il en arrivera un troisième, feu et eau, qui dira que tout est sauvé, et qui devra être à Tours dans une heure et demie. »

Si l'on cherche à se rendre compte de la direction suivie par ces courriers, il paraît bien que le second viendra de Châteaudun ou de Vendôme, et qu'il traversera Blois pour aller vers Bourges. Il sera donc à cheval. Le troisième, *feu et eau,* viendra évidemment par le chemin de fer, d'Orléans par conséquent. C'est pendant l'oraison qu'on apprendra son arrivée. Or, il y a deux oraisons par jour : l'une de cinq heures et demie à six heures et demie du matin ; l'autre de quatre heures et demie à cinq heures du soir. Il y a plus de quinze ans que la mère Providence m'a dit qu'elle ne sait pas de laquelle il s'agit. Les expressions de courrier *feu et eau* sont très-authentiques. On sait qu'avant les transports à vapeur, elles ont donné lieu à bien des commentaires, et que, dans l'esprit de plus d'une personne, elles ont nui à la prophétie ; on trouvait que c'était un non-sens. Un jour, un grand-vicaire, appelé M. Guillois, apercevant le premier bateau à vapeur qui passait sur la Loire, s'écria tout-à-coup en le montrant à un jeune prêtre : Je comprends maintenant le courrier de Marianne ; et faisant signe de la main pour désigner la cheminée du bateau, puis l'eau du fleuve, il dit : « Courrier feu !... et eau !... » Mais cela n'expliquait pas le trajet de Blois à Tours en une heure et demie. On ne le comprit qu'à la vue des chemins de fer.

28. — « Vous chanterez un *Te Deum.* Parlez-moi de ce *Te Deum !* Ce sera un *Te Deum* comme on n'en a jamais chanté. »

La mère Providence m'a dit, il y a plusieurs années, que tout le clergé de la ville
viendrait aux Ursulines pour ce *Te Deum*.
Cela semblerait indiquer qu'il ne sera pas
chanté comme action de grâces pour la vic-
toire remportée dans le grand combat, mais
pour quelque grande faveur que Dieu accor-
derait à la communauté. Ce qui ferait encore
incliner vers cette interprétation, c'est que
ce *Te Deum* sera suivi d'une prospérité inouïe
pour la communauté. « Ce sera à qui, parmi
les mères, voudra lui donner ses filles.—Cette
prospérité durera-t-elle longtemps, demanda
Mlle de Leyrette ? — Ah, dame, vous n'en
verrez pas la fin, ni celles qui seront avec
vous non plus..... Quelle union et quelle
charité dans la communauté ! On disait qu'il
y en avait.... Oui, mais c'est maintenant qu'il
y en a ! »

29. — « Pendant quelque temps, on ne
saura pas à qui l'on appartiendra ; mais ce
ne sera pas celui qu'on croira qui règnera ;
ce sera le sauveur accordé à la France et
sur lequel elle ne comptait pas. »

30. — « Le prince ne sera pas là ; on ira
le chercher. »

N'y aurait-il pas là encore une transposition , et la Sœur n'aurait-elle pas parlé de 1815 et de Louis XVIII , qu'on alla chercher à Gand ? Je n'oserais prononcer.

31. — « Il faudra quinze à vingt ans pour que la France se relève de ses désastres. Cependant le calme renaîtra , et depuis ce moment jusqu'à une paix parfaite , et jusqu'à ce que la France soit plus florissante et plus tranquille que jamais , il s'écoulera à peu près vingt ans. »

D'après le texte des journaux , la paix parfaite et la prospérité de la France commenceraient de suite et finiraient au bout de vingt ans ; mais l'ancienne copie , trouvée dans les papiers de la maison et rédigée à la suite d'un entretien qui aurait eu lieu en 1813 , dit tout l'opposé : la paix parfaite et la prospérité plus grande que jamais n'arriveront qu'après vingt ans. Quant à ces mots : *Il faudra quinze à vingt ans pour que la France se relève de ses désastres* , j'affirme les avoir entendus de la bouche de la mère Providence , il y a bien des années. On ne peut nier que la vraisemblance ne soit tout entière en faveur du texte

que je donne. Comment est-il possible qu'a-
près les épreuves présentes et celles peut-
être encore plus grandes par lesquelles nous
passerons avant d'arriver au repos, la France
se trouve tout-à-coup dans un état de paix
parfaite et de la plus splendide prospérité ?

Je dois dire en même temps qu'il ne s'agit
là que de la prospérité considérée dans l'ordre
purement matériel. Sous le rapport moral et
religieux tout prendra une autre face. « Le
triomphe de la religion sera tel que l'on n'a
jamais rien vu de semblable ; toutes les injus-
tices seront réparées ; les lois civiles seront
mises en harmonie avec celles de Dieu et de
l'Église ; l'instruction donnée aux enfants sera
éminemment chrétienne. Les corporations
d'ouvriers seront rétablies (à la demande des
ouvriers probablement : en tout cas, il est clair
qu'elles ne peuvent pas l'être sans leur con-
sentement). »

Outre ces prédictions, il en est quelques
autres qui ne sont pas moins connues à Blois,
pas moins authentiques par conséquent, et
que nous reproduisons sans savoir dans quel
ordre elles ont été faites.

3*

Marianne dit à Mlle de Leyrette, en la considérant dans l'avenir comme religieuse : « Vos élèves sortiront presque aussitôt qu'elles seront rentrées ; on viendra les chercher les unes après les autres. En voilà qui partent ; il n'en reste plus que tant. Qui est-ce qui paiera nos dettes ? » Elle indiquait qu'à chaque départ les religieuses diraient : Qui est-ce qui paiera nos dettes ?

Une copie qui s'accorde parfaitement avec les souvenirs de la communauté et qui remonte très-haut, émanant d'une personne qui a habité Blois il y a longtemps, et qui la rédigea alors à la suite d'entretiens avec les religieuses, renferme ce qui suit : « Que de massacres ! que de désastres ! On les verra au pied des murs et l'on dira : Comment ont-ils pu arriver aussi vite ? Tous les hommes seront appelés, mais ils reviendront finir leurs travaux. »

La personne qui nous envoie cette copie affirme que les religieuses se demandaient ce que voulaient dire ces mots : *On les verra...* (qui ?) *au pied des murs...* (de quels murs ?)

Une autre version dit : « Quand ces évènements commenceront, l'évêque sera absent ;

il aura quitté Blois avec un prêtre éminent de son diocèse ; mais il reviendra seul. » Aucun souvenir dans la communauté ne vient corroborer cette version. Si cependant on pouvait nous prouver qu'elle remonte seulement à un an, elle serait très digne d'attention ; car Monseigneur est allé à Rome pour le concile, et le grand-vicaire qui l'accompagnait mourut dans la ville sainte au bout de quelques mois.

Mais voici une autre prédiction dont l'authenticité est incontestable :

« Avant les grands désastres, on fera une construction. La principale bâtisse sera faite, mais on ne fera pas tout ce que l'on avait projeté. »

En 1851 on entreprit de construire une aile de bâtiment à deux étages sur 35 mètres de long. Alors on parla de cette prédiction, et voici le dialogue qui eut lieu entre la mère Providence et une religieuse qui me le rapporta il y a un peu plus d'un an, et que j'écrivis de suite : Voilà, mère Providence, les évènements qui approchent ; on bâtit.—Oh non, ce n'est pas cette bâtisse-là. — Elle est cependant considérable. — Ce n'est pas celle-là;

elle ne sera pas de ce côté ; on ne bâtira plus alors dans le clos. — Mais de quel côté se fera donc la bâtisse ? — Elle dit en indiquant le côté de la ville : Ce sera de ce côté là. — Mais, ma bonne Mère, c'est impossible ; il n'y a pas de terrain. — Marianne m'a dit que ce serait de ce côté.

Il faut remarquer : 1° que la première acquisition de la propriété actuelle n'eut lieu, ainsi que nous l'avons dit, qu'en 1812, huit ans après la mort de Marianne ; 2° que le clos où l'on ne doit plus bâtir ne fut acheté qu'en 1830 ; 3° qu'en 1851 non-seulement le monastère ne possédait pas le terrain à l'endroit indiqué pour la future construction, mais qu'il n'y avait aucune apparence que l'on pût en acquérir suffisamment. Toutefois, environ dix ans après, on put acquérir presque en même temps, et au grand étonnement de tout le monde, trois propriétés. En 1867 on jeta les fondements d'une église où l'on dit la messe depuis plus de six mois. La principale bâtisse est faite, par conséquent ; mais on n'a pas fait tout ce que l'on avait projeté, tant parce que les temps sont mauvais, que par le défaut de ressources.

« Ces pauvres Carmélites ! leur fête ! Mais vous, ferez-vous la vôtre ?

» Quelle agitation ! Quel trouble ! C'est la 19ᵉ semaine. » Une copie porte : « C'est entre la 19ᵐᵉ et la 21ᵐᵉ semaine après la Pentecôte. »

Cette année, le 15 octobre, fête des Carmélites, on apprit à Blois que les Prussiens étaient entrés à Beaugency ; on regardait leur arrivée à Blois comme probable pour les jours suivants, qui se trouvaient être la 19ᵐᵉ semaine après la Pentecôte, cette semaine commençant le 16. On craignait par conséquent de ne pas célébrer la fête de sainte Ursule, qui tombait le vendredi de cette même semaine. Je note ces circonstances : cependant j'avoue que j'ai peine à voir l'accomplissement de la prédiction. Je n'ai pas aperçu une grande agitation dans la ville, et le trouble a été à peu près nul au couvent.

J'ajouterai que, d'après plusieurs anciennes copies, la mère Providence n'a pas su si l'émoi dont il est question a rapport aux évènements publics ou concerne la communauté seule.

« On entendra le roulement de grosses voitures attelées de bœufs qui emmèneront les effets de ceux qui fuiront devant l'ennemi. »

Cette prédiction était si bien connue dans la communauté, qu'un jour, il y a plusieurs années, une tourière ayant vu passer dans la rue des voitures plus grosses que celles qu'on voit ordinairement à Blois, alla dire à la mère Providence : Ma Mère, voilà vos prophéties qui vont s'accomplir, il passe dans la rue de très-grosses voitures. Or, dans les premiers jours de septembre, il y eut à Blois un défilé énorme de voitures attelées de bœufs et considérablement plus grandes et plus massives que celles du pays. Des cultivateurs de la Lorraine emmenaient leur bétail, leurs meubles et tout ce qu'ils avaient pu emporter de grains et de fourrages pour les soustraire à l'ennemi. Il est bon de savoir que, pour Blois, une voiture attelée de bœufs est un phénomène qui ne se voit pas deux fois en dix ans.

« Il y aura des choses telles que les plus incrédules seront forcés de dire : Le doigt de Dieu est là. »

Il est probable que cela se rapporte à l'époque qui suivra immédiatement le grand combat.

« Tant qu'on priera il n'arrivera rien ; mais il viendra un moment où l'on cessera de faire des prières publiques ; on dira : Les choses vont rester comme cela. C'est alors qu'auront lieu les évènements. Néanmoins les prières particulières ne cesseront pas.

» Quelque chose d'important et de grave arrivera pendant que le confesseur sera absent.

» Il y aura une nuit pendant laquelle personne ne dormira. »

Marianne a parlé d'un orage qui dépassera les proportions connues ; mais la mère Providence a ajouté quelquefois qu'elle ne pourrait pas dire avec certitude si ce sera dans l'ordre physique ou dans l'ordre moral. Cet orage ressemblerait à un petit jugement dernier. Il y aura une fête ou une cérémonie dont on dira : C'est la dernière qui se fera mal.

A un certain moment, il y aura beaucoup de malades dans la maison , et tout-à-coup il n'y en aura plus.

A la fin de son dernier entretien avec sa confidente, Marianne ajouta : « Revenez me voir ; j'ai encore bien d'autres choses à vous dire. Ah ! que c'est beau ! que c'est beau, ce que j'ai à vous dire ! »

Mlle de Leyrette quitta Marianne pour aller au salut qui se donnait à la chapelle ; quand on revint pour voir la malade, la pieuse fille avait passé à une vie où l'on voit les choses avec une clarté bien plus grande encore que celle qui lui avait découvert l'avenir.

Nature, but et portée religieuse de la prédiction de sœur Marianne.

Dans les temps ordinaires, et lorsqu'on a le loisir de philosopher, bon nombre d'esprits subtils s'appliquent à prouver que l'on peut avoir raison de tout sans recourir au surnaturel et faire intervenir le ciel. On se figure que Dieu est absent, et comme il est facile de donner tort aux absents, on a toute latitude pour le déclarer vaincu et déchu du gouvernement des choses de ce monde. C'est ainsi qu'avant l'entrée des Prussiens en France, lorsqu'ils étaient loin de Paris et même de Strasbourg, on se donnait la satisfaction de remporter sur eux les plus brillantes victoires. On prouvait leur défaite avec une clarté qui ne laissait rien à désirer, excepté le sens commun et la prudence. On avait une artillerie formidable, des mitrailleuses qui, à elles seules, devaient faucher trente mille Prussiens par jour de combat. Nos soldats étaient les premiers soldats du monde, cela avait la valeur d'un premier principe ; nous avions des artilleurs comme il n'y en a nulle part. Nos généraux étaient des généraux d'Afrique, ce qui suffisait pour trancher la question, puisqu'il était évident qu'il n'y avait pas un seul général d'Afrique dans toute l'Allemagne.

Aussi, la course de notre armée, de la frontière à Berlin, devait être une suite non interrompue de victoires éclatantes. Si l'on n'exterminait pas toute l'armée ennemie, c'était uniquement pour le plaisir d'en poursuivre les restes jusqu'à Kœnigsberg, où Napoléon III s'était vanté de signer la paix.

Après ce traité de paix, on entrevoyait des choses plus belles peut-être que celles dont Sœur Marianne n'a pas eu le temps d'exposer le détail à Mlle de Leyrette.

Quand les Prussiens furent venus, l'enchantement disparut, les désastres remplacèrent les victoires, et l'ex-empereur, débarrassé des soucis de l'autorité, fut confiné dans un château, où il peut méditer ces paroles de l'Empereur du Ciel, dont le règne n'a point de fin : « Celui qui s'exalte sera humilié, » ou bien encore ces autres : « Si Dieu ne protége une ville ou un empire, c'est en vain que veille celui qui est préposé à sa garde. » Voilà comme la présence des Prussiens a tout changé.

De même, quand Dieu arrive et qu'il frappe des coups vigoureux ; lorsque ces coups se multiplient d'une manière écrasante, que les oisifs perdent leur repos, les ouvriers leur travail, les riches leur opulence, les pauvres leur pain et celui de leurs enfants ; lorsque les sages et les politiques s'égarent, que les forts et les vaillants succombent ; en un mot, lorsque toutes les ressources naturelles disparaissent, on est forcé de comprendre et d'avouer la faiblesse humaine ; on commence à se tourner vers Dieu et à reconnaître que c'est lui qui gouverne le monde et qu'il sait faire sentir sa colère lorsqu'on s'obstine à méconnaître ses bienfaits. Voilà pourquoi beaucoup d'hommes qui auraient accueilli cette prophétie avec dédain et moquerie il y a six mois, l'accueillent aujourd'hui avec une disposition d'esprit toute différente.

Nous ne ferons pas une dissertation sur les caractères du surnaturel ; mais nous prierons les lecteurs de mettre de côté tout esprit de système et toute subtilité, puis de se demander s'il est possible qu'une pauvre fille, sans culture et sans instruction, pénètre ainsi dans l'avenir jusqu'à une profondeur de plus de soixante ans, à l'aide de ses seules ressources naturelles. Des esprits pointilleux disent qu'au moment où l'âme se dégage du corps, lorsqu'elle se trouve déjà à moitié débarrassée des organes, elle acquiert une lucidité qu'elle ne peut avoir dans l'état ordinaire.

Sur quoi, d'abord, vous fondez-vous pour

mettre en avant une pareille supposition, et de quelles preuves pouvez-vous l'appuyer ? Si l'on voulait vous obliger à croire des vérités chrétiennes qui ne reposeraient pas sur un fondement plus solide, les admettriez-vous ? Si cela pouvait être admis, rien ne serait plus commun que l'esprit prophétique au moment de la mort, et une infinité de gens, les savants surtout, se feraient une fête de dire alors toutes les belles choses qu'ils apercevraient.

Remarquez, de plus, que ce n'est pas seulement à l'extrémité de sa vie que la Sœur a fait ses révélations, mais dans des entretiens qui ont duré plusieurs jours. Ce n'est point dans une extrême vieillesse où ce prétendu désagrégement serait moins inadmissible, mais à cinquante-trois ans. Enfin, qu'est-ce donc que cet état mystérieux, inconnu, supposé sans preuves, où l'âme, à moitié détachée des organes, s'en sert cependant d'une manière plus merveilleuse que jamais ; où les organes de l'intelligence, de la mémoire et de la parole fonctionnent aussi bien, mieux même que dans la santé ?

En vérité, l'on se donne bien de la peine et l'on fait des suppositions bien absurdes pour éviter d'en admettre une qui est si simple et si raisonnable, savoir : que Dieu peut se communiquer aux hommes ; qu'il le fait quelquefois, et qu'il choisit pour cela les âmes humbles et droites, de préférence aux orgueilleux et aux savants infatués de leur science.

Nous ne voulons pas, sans doute, nous mettre à la place de l'Église et prononcer que ces prédictions ont un caractère surnaturel, incontestable ; mais nous croyons pouvoir l'admettre d'une foi humaine jusqu'à preuves contraires.

Nous allons dire maintenant quel a été le but de la prédiction.

En 1804, la communauté des Ursulines de Blois, à l'exemple de bien d'autres à la même époque, paraissait devoir succomber. De seize religieuses qui s'étaient réunies huit ans auparavant, il n'y en avait plus que six à cette époque, et elles étaient toutes dans un âge avancé. Elles n'avaient ni l'habit religieux, ni la clôture ; point de novices et peu d'espérance d'en avoir ; plus d'évêque à Blois pour les protéger et leur témoigner de l'intérêt. Dans cette extrémité où tout paraissait perdu, Dieu amenait en face de la pieuse tourière, qui avait tant prié et tant versé de larmes pour sa chère communauté, une jeune personne qu'il destinait à en être le soutien, et dont sa Providence devait se servir pour préparer cette maison à une prospérité plus grande que celle même des beaux jours du XVIIe siècle. Alors il ouvre les yeux de la malade, il lui découvre l'avenir de sa communauté, et il lui donne mission de communiquer à cette jeune fille le courage et la confiance dont elle aura besoin dans les rudes épreuves par où elle passera. Tel est le vrai but, ou, si l'on veut, le but primitif de la prédiction de sœur Marianne. Il est remarquable qu'elle commence à la vocation de Mlle de Leyrette, et se prolonge jusqu'au moment où, âgée de près d'un siècle, sinon d'un siècle entier, cette vénérable religieuse pourra voir le fruit de ses longs travaux, la récompense de ses prières, et de toute une vie donnée à Dieu dans le silence de la retraite , loin des jouissances du monde et des petitesses de l'orgueil.

Le vrai sens de la prédiction peut donc s'exprimer ainsi : Non, la communauté ne périra pas ; elle passera par de grandes épreuves (et Marianne indiqua une partie de ces épreuves) , mais Dieu la protégera et il fera de vous son soutien. C'est pour vous donner force et courage que je vais vous découvrir en abrégé l'histoire de cette maison durant votre longue carrière. Dieu veut que j'aille plus loin encore. Afin de rendre joyeux et sereins les regards mourants que vous jetterez sur vos Sœurs, lorsque, toutes réunies , elles vous environneront pour la dernière fois , je vous dis de sa part qu'aucune d'entre elles ne verra la fin de la prospérité dont jouira alors cette communauté , à laquelle vous vous serez dévouée avec un désintéressement si généreux.

Il m'est arrivé quelquefois de rencontrer la mère Providence un jour de cérémonie religieuse, d'une profession ou d'une vêture, et de lui dire: Eh bien ! ma bonne Mère, si , à l'époque de votre profession , ou en 1817 , lorsque le curé de la paroisse vous donnait votre part du pain destiné aux pauvres, parce que vous n'en aviez pas, on vous eût dit que vous verriez le pensionnat aussi florissant, des religieuses en aussi grand nombre, parmi elles des Anglaises, des Allemandes, des Italiennes et des Espagnoles enseignant leur langue, qu'auriez-vous pensé? Alors son visage s'anime, ses yeux s'humectent de larmes de joie, son cœur bat, elle lève et joint ses mains en disant: Ah! que Dieu est bon!

Pour elle, sa communauté, c'est le monde entier, et si le monde est quelque chose, c'est uniquement parce qu'on peut lui faire du bien en apprenant à ses enfants à connaître Dieu. Telles étaient aussi les dispositions de Marianne.

Si donc elle a parlé des évènements publics, ce n'est que d'une manière accessoire, et parce que la communauté en devait ressentir le contre-coup. Cependant, comme Dieu voit les conséquences et la portée de chaque chose, quelque petite qu'elle soit; comme il peut donner des résultats considérables aux causes les plus minimes, nous ne devons pas nous étonner si l'annonce faite par cette simple fille des calamités dont la France entière devait être victime, produit en ce moment une si étonnante impression, si elle trouve grâce devant les sarcasmes de l'impiété, si ceux mêmes qui ne croyaient à rien et qui avaient les yeux fermés aux plus éclatants miracles opérés en faveur du catholicisme, saisissent avec avidité et révèrent en quelque sorte comme des oracles ces quelques paroles jetées à la génération d'aujourd'hui par une pauvre fille morte dans l'obscurité de la plus humble condition, il y a plus de soixante ans.

Pour quiconque ne croit pas au hasard, n'est-ce pas une chose merveilleuse que ce concert de deux cents journaux, qui tous s'empressent, avec un ton et une attitude tenant du respect, de jeter cette prédiction à tous les échos de la France, et qui, en moins de quinze jours, la font parvenir à la connaissance de peut-être vingt millions de personnes? Ce qui doit frapper encore davantage, c'est l'à-propos de cette divulgation.

Un mois plus tôt elle était inopportune ; et cependant il n'y a eu ni dessein ni calcul pour saisir l'instant favorable. Personne ne pourrait dire : C'est moi qui ai voulu cela. Des milliers de copies manuscrites étaient répandues depuis quarante ou cinquante ans sans qu'aucune devînt publique ; une d'elles tombe un jour dans les bureaux du *Constitutionnel*, jetée on ne sait par qui, et voilà que tout-à-coup elle est reproduite par toutes les autres feuilles périodiques, elle est vendue en feuilles volantes dans les rues de Paris et d'un grand nombre d'autres villes. Si Dieu veille sur tous les évènements sans rien laisser au hasard, s'il ménage à chaque homme en particulier une foule de petites grâces au moyen d'incidents qui paraissent fortuits, mais qui sont réellement le résultat de ses desseins éternels, pourquoi n'aurait-il pu vouloir cette étonnante divulgation pour amener bien des hommes à tourner leurs regards vers lui et préparer leur âme à des grâces de salut plus abondantes ?

Serait-il déraisonnable de supposer que Dieu a voulu cela afin d'utiliser en quelque sorte , pour le bien d'un grand nombre , les lumières dont il avait voulu favoriser l'humble tourière ? Nous ne pouvons le penser. C'est pourquoi nous appellerons l'attention de tous ceux qui liront ce petit écrit sur la portée religieuse de la prophétie de sœur Marianne , et nous leur dirons : Cette pieuse fille a fait une histoire anticipée des principaux évènements qui devaient arriver dans un espace de plus de 60 ans, et voilà que les évènements se déroulent comme elle les a prédits. Elle dit à une jeune fille : Vous serez là comme une sentinelle qui monte la garde, vous assisterez à tout , et vous ne quitterez pas votre poste que tout ne soit accompli. Et la jeune fille voit les années disparaître devant elle ; elle arrive à l'âge de plus de 92 ans, elle regarde dans le lointain les faits qui manquent encore à l'appel et elle leur dit : Je vous attends.

Tout cela est-il possible si Dieu n'est pas, tout à la fois , l'inspirateur de la prédiction , l'organisateur des évènements historiques et le maître de la vie des hommes ? On peut arriver à 92 ans sans miracle, quoique non sans peine ; mais prédire que quelqu'un y arrivera et tracer les grands traits de sa vie 66 ans à l'avance n'est pas une petite affaire.

Il est donc raisonnable, et j'ajouterai qu'il est très-important, de voir la main de Dieu dans les évènements actuels et dans ceux plus redoutables encore qui nous attendent. Mais ce qui importe plus que tout le reste, c'est que l'on aille au devant de Dieu, qui veut ramener la France à lui, et qui frappera jusqu'à ce qu'elle revienne. Cette conclusion a été le but principal que nous avons eu en vue en commençant notre travail, car il ne faut pas s'imaginer que nous avons voulu satisfaire une vaine curiosité et l'amour du merveilleux. Oui, il faut que, de gré ou de force, la France revienne à Dieu et qu'en qualité de fille aînée elle y ramène les autres nations, qui sont ses sœurs.

Trois immenses désordres ont commencé à perdre la France, il y a plus de deux siècles, et sont arrivés à un excès que Dieu ne veut ni ne peut plus tolérer : qu'il nous soit permis d'en dire quelques mots.

Le premier est l'abandon de la foi, et, par

suite, la révolte contre l'Eglise. Il n'y a plus qu'un petit nombre d'hommes à croire que l'Eglise a été établie par Dieu, qu'elle est un royaume proprement dit, royaume incomparablement plus élevé et plus excellent que tous les autres, royaume dont Dieu est le véritable souverain, gouvernant par un viceroi, qui est le Pape. Les pouvoirs publics surtout ont affecté de méconnaître ces vérités ; ils ont constamment pris à tâche d'abaisser l'Église, de l'humilier et de l'affaiblir ; enfin ils l'ont livrée comme une proie à ses plus abominables ennemis. C'est ainsi qu'on a traité le Roi du ciel. Oui, mais il aura son tour. Il n'y a plus de nation catholique à ses ordres pour venger ses intérêts : il se servira d'une nation protestante, d'une nation dont le gouvernement unit le fanatisme du sectaire à l'impiété la plus éhontée et à une hypocrite fourberie. Le roi de Prusse et son ministre traiteront la France comme les gouvernements de la France ont traité l'Église. Ils entreprendront de l'humilier par leurs victoires, de l'affaiblir en lui ôtant ses provinces et en détruisant ses armées, de l'ap-

4*

pauvrir en dévastant ses campagnes, rançonnant et brûlant ses villes ; enfin de l'abaisser en lui faisant perdre le rang qu'elle a tenu jusqu'ici en Europe.

La peine du talion que Dieu nous inflige pour avoir trahi et opprimé son Église peut-elle être plus évidente ? Et cette peine, il nous l'inflige par des hérétiques ennemis de l'Église.

Le second désordre est l'amour des jouissances, la passion du bien-être. Or, qu'on jette un coup-d'œil sur la France en ce moment, et l'on y verra un état de souffrance universel. Paris, la ville des délices, est assiégé ; ses habitants veillent la nuit sur les remparts ou vont s'exposer dans des sorties au feu de l'ennemi. Plus de théâtres, de fêtes, d'immondes jouissances ; plus de déjeûners à 50 francs par tête. Ils se demandent si la ration de cent grammes de viande par jour va durer pendant tout le siége.

En province, que voyons-nous ? toute la population sous les armes, de malheureux soldats improvisés, obligés à des courses accablantes, à des combats meurtriers, forcés de coucher dehors au froid et à la pluie, même dans les villes. Au moment où j'écris ces lignes, je viens de recueillir deux gardes mobiles de la Dordogne, qui auraient couché sur le pavé, sans tente pour s'abriter et sans vêtements suffisants pour se préserver du froid. Pourtant ces souffrances ne sont rien en comparaison de celles qu'on endure dans les pays occupés par l'ennemi.

La saison rigoureuse n'est pas commencée, et déjà les hôpitaux sont encombrés de jeunes mobiles qui n'ont pu supporter ces premières fatigues. Combien de familles qui errent de ville en ville, fuyant devant l'ennemi, et dont quelquefois les membres se cherchent les uns les autres avec anxiété sans pouvoir se trouver ! La France offre en ce moment le spectacle d'une nation en déroute, elle qui, il y a quelques mois seulement, invitait encore les peuples de l'Europe à venir boire à la coupe de ses voluptés. Voilà comme Dieu châtie son amour des jouissances ! Et qui sait quand sera le terme des épreuves ? Qui sait même quand elles cesseront de s'accroître ?

Le troisième désordre est l'attachement

aux richesses, le désir d'en amasser sans frein ni mesure. Le bonheur suprême a paru être la richesse, parce qu'elle procure tout à la fois les satisfactions de l'orgueil et les jouissances de la volupté. L'État semblait être le plus riche qu'il y eût au monde : s'il demandait un milliard, on lui en offrait quatre ; les petits bourgeois doublaient leur fortune en dix ans ; les gros spéculateurs gagnaient vingt millions en quinze minutes ; la France prêtait son or à tous les gouvernements en détresse. Maintenant qu'arrive-t-il ? Vingt-cinq départements sont dévastés, ravagés, ruinés pour de longues années, puisqu'ils ont perdu avec leurs troupeaux les bras nécessaires à la culture de leurs terres et à la reconstruction de leurs maisons incendiées ; peut-être que, dans quelques semaines, un autre tiers de la France aura subi le même sort. Il n'y a plus ni travaux, ni commerce, ni affaires, ni spéculation ; tout le monde dépense, et personne ne gagne ; les armes et les munitions prises par l'ennemi ne seront jamais rendues, et cet ennemi parle d'imposer des milliards pour se dédommager de la peine qu'il a prise de ruiner la France et de rançonner tous les pays par où il a passé.

La passion des richesses avait enfanté un nouveau désordre plus monstrueux lui seul et plus désastreux que tous les autres ensemble, désordre que l'on n'a pas encore osé, ce semble, signaler avec éclat, et contre lequel pourtant les voix les plus puissantes eussent dû retentir, désordre que je tâcherai de flétrir autant que peut le permettre mon peu d'importance dans la hiérarchie sacerdotale. En cela même je ferai preuve du plus vrai patriotisme. Je veux parler de l'abominable calcul qui porte les personnes mariées à limiter le nombre de leurs enfants, pour avoir moins de peine, moins de charges et de dépenses; on veut avoir un fils unique, deux enfants au plus. Je sais que la nature elle-même fait quelquefois cette délimitation ; mais c'est l'exception, et malheureusement le calcul du grand nombre n'est plus un secret pour personne. Or, je suis convaincu que c'est là le désordre qui plus que les autres, en un sens, ne permettait pas à Dieu d'attendre pour y apporter le remède efficace. Car Dieu aime la France, et il ne veut pas qu'elle perde son rang et son influence dans le monde ; il veut continuer à se servir de cette influence pour le bien de son Église (1).

Aussi, avec quel bras vigoureux il châtie cette abominable dépravation ! combien de fils uniques sont tombés, tombent tous les jours et tomberont encore sous les balles des Prussiens ! Combien qui, élevés avec une délicatesse qu'inspirait la crainte de les voir mourir, sont brisés par la fatigue et meurent

(1) Le 11 octobre de cette année 1870, l'état-civil de la ville de X... présentait 922 naissances et 1,335 décès depuis le 1er janvier. Le seul renseignement que j'aie eu pour l'état-civil de Z... est celui-ci : du 6 septembre au 16 octobre, il y a eu 42 naissances et 121 décès. Il n'est pas nécessaire d'être fort mathématicien pour démontrer que, les choses continuant ainsi (le mal ne continue pas seulement, il croît chaque année), bien avant 30 ans, la France, sans perdre rien de son territoire, serait réduite à moins de vingt millions d'habitants, c'est-à-dire mise bien plus bas que M. de Bismark ne veut la mettre. Qui ne voit qu'il est urgent de remédier au mal et que Dieu a raison de se presser?

avant même d'être arrivés au champ de bataille !

Voilà les principaux désordres qui ont attiré les désastres dont la France est accablée, et qui expliquent les autres maux prédits par Marianne. Mais si Dieu châtie ces désordres, il veut les faire disparaître, et, pour qu'ils disparaissent, il faut que la France revienne à son antique foi; il lui faut un gouvernement qui s'inspire de cette foi.

Quand cette puissance de Dieu, dont les coups ont inspiré à la pieuse Sœur ses vives exclamations, se sera manifestée avec une effrayante énergie; quand la France abattue mesurera la grandeur de ses revers, le temps de la miséricorde arrivera; Dieu lui tendra la main, il lui donnera un gouvernement dans lequel elle puisse avoir confiance et qui soit animé du seul sentiment qui inspire l'amour du bien public, le sentiment religieux.

Est-ce que les hommes qui ont dirigé les destinées de la France depuis quarante ans pouvaient avoir un autre mobile que l'égoïsme, un autre désir que celui de se gorger de

richesses et de se saturer de jouissances ? Si
le futur gouvernement était composé d'autres
hommes qui leur ressembleraient, que de-
viendrait la France et à quoi aurait servi le
grand coup que Dieu a frappé ? C'est à quoi
il faut penser en ce moment.